Ernst Probst

AF151987

Die nordische ältere Bronzezeit

Eine Kultur der Bronzezeit von etwa 1500 bis 1200 v. Chr.

Der GRIN Verlag publiziert seit 1998 wissenschaftliche Arbeiten von Studenten, Hochschullehrern und anderen Akademikern als eBook und gedrucktes Buch. Die Verlagswebsite www.grin.com ist die ideale Plattform zur Veröffentlichung von Hausarbeiten, Abschlussarbeiten, wissenschaftlichen Aufsätzen, Dissertationen und Fachbüchern.

Ernst Probst

Die nordische ältere Bronzezeit

Eine Kultur der Bronzezeit von etwa 1500 bis 1200 v. Chr.

GRIN Verlag

Die Deutsche Bibliothek verzeichnet diese Publikation in der Deutschen Nationalbibliografie; detaillierte bibliografische Daten sind im Internet über http://dnb.d-nb.de/ abrufbar.

1. Auflage 2011
Copyright © 2011 GRIN Verlag GmbH
http://www.grin.com
Druck und Bindung: Books on Demand GmbH, Norderstedt Germany
ISBN 978-3-656-03799-6

Häuptling aus der älteren Bronzezeit in Norddeutschland.
Ausschnitt aus einer Zeichnung
von Friederike Hilscher-Ehlert, Königswinter,
für das Buch »Deutschland in der Bronzezeit« (1996)
von Ernst Probst

Ernst Probst

Die nordische ältere Bronzezeit in Deutschland

Eine Kultur der Bronzezeit
von etwa 1500 bis 1200 v. Chr.

Widmung

Dr. Rolf Breddin, Potsdam
Dr. Claus Dobiat, Marburg
Professor Dr. Markus Egg, Mainz
Dr. Rudolf Feustel, Weimar
Dr. Gretel Gallay (heute Callesen), Nidderau
Professor Dr. Hans-Eckart Joachim, Bonn
Professor Dr. Albrecht Jockenhövel, Münster
Professor Dr. Horst Keiling, Schwerin
Dr. Joachim Köninger, Freiburg/Breisgau
Professor Dr. Rüdiger Krause, Frankfurt/Main
Dr. Friedrich Laux, Hamburg
Dr. Berthold Schmidt, Halle/Saale
Dr. Peter Schröter, München
Dr. Klaus Simon, Dresden
Dr. Otto Mathias Wilbertz, Hannover
gewidmet, die mich bei meinem Buch
»Deutschland in der Bronzezeit« (1996)
mit Rat und Tat unterstützt haben,
sowie der wissenschaftlichen Graphikerin
Friederike Hilscher-Ehlert

Inhalt

Vorwort

Eine Kultur, die vor etwa 1500 bis 1200 v. Chr. in Schleswig-Holstein, auf den Nordfriesischen Inseln Sylt, Amrum und Föhr, im Küstengebiet von Mecklenburg-Vorpommern sowie auf der Ostseeinsel Rügen existierte, steht im Mittelpunkt des Taschenbuches »Die nordische ältere Bronzezeit in Deutschland«. Geschildert werden die Anatomie und Krankheiten der damaligen Ackerbauern, Viehzüchter und Bronzegießer, ihre Siedlungen, Kleidung, ihr Schmuck, ihre Keramik, Werkzeuge, Waffen, Haustiere, Jagdtiere, ihr Verkehrswesen, Handel, ihre Kunstwerke und Religion. Verfasser ist der Wiesbadener Wissenschaftsautor Ernst Probst, der sich vor allem durch seine Werke »Deutschland in der Urzeit« (1986), »Deutschland in der Steinzeit« (1991) und »Deutschland in der Bronzezeit« (1996) einen Namen gemacht hat. Von 1986 bis 2011 veröffentlichte er mehr als 100 Bücher, Taschenbücher, Broschüren und E-Books.

Das Taschenbuch »Die nordische ältere Bronzezeit in Deutschland« ist Dr. Rolf Breddin, Professor Dr. Claus Dobiat, Professor Dr. Markus Egg, Dr. Rudolf Feustel, Dr. Gretel Gallay (heute Callesen), Professor Dr. Hans-Eckart Joachim, Professor Dr. Albrecht Jockenhövel, Professor Dr. Horst Keiling, Dr. Joachim Köninger, Professor Dr. Rüdiger Krause, Dr. Friedrich Laux, Dr. Berthold Schmidt, Dr. Peter Schröter, Dr. Klaus Simon und Dr. Otto Mathias Wilbertz gewidmet, die den Autor bei seinem Werk »Deutschland in der Bronzezeit« unterstützt haben. Es enthält Lebensbilder der wissenschaftlichen Graphikerin Friederike Hilscher-Ehlert aus Königswinter.

Der dänische Archäologe
Christian Jürgensen Thomsen (1788–1865)
hat 1836 die Urgeschichte
nach dem jeweils am meisten verwendetem Rohstoff
in drei Perioden eingeteilt:
Steinzeit, Bronzezeit und Eisenzeit.

Besuch aus dem Nachbardorf
auf einer Darstellung von 1936.
Eine der beiden ankommenden Frauen
überreicht der auf einem Klappstuhl
sitzenden Mutter mit ihrem Kind
als Gastgeschenk eine Tonklapper
in Gestalt einer Gans.

12

Der Sonnenkult
der »Urgermanen«

Die nordische ältere Bronzezeit

In Schleswig-Holstein, auf den Nordfriesischen Inseln Sylt, Amrum und Föhr, im Küstengebiet von
Mecklenburg-Vorpommern sowie auf der Ostseeinsel Rügen werden die archäologischen Funde aus der
Zeit von etwa 1500 bis 1200 v. Chr. der nordischen
älteren Bronzezeit (Periode II) zugerechnet. Diese
Regionen Norddeutschlands gehörten zum Nordischen
Kreis, dessen Kerngebiet damals in Dänemark lag,
zudem aber Südnorwegen, Süd- und Mittelschweden
umfasste. Auch die Stader Gruppe im nördlichen
Niedersachsen, die in diesem Taschenbuch nicht
behandelt wird, gilt als Teil des Nordischen Kreises.
Das Gebiet des in Nordeuropa weit verbreiteten Nordischen Kreises deckt sich nicht mit dem einer zeitlich
vorangehenden Kultur der Frühbronzezeit oder der
Jungsteinzeit. Dort lebte wohl auch kein Stamm oder
Volk mit derselben Sprache. Zu den wenigen Ge-
meinsamkeiten zählten die Form und der Stil – oder
salopper gesagt die Mode – der Bronzeerzeugnisse: also
der Werkzeuge, Waffen, Gefäße und Schmuckstücke,
die in eigenen Werkstätten hergestellt wurden.

Nach Erkenntnissen des Hamburger Prähistorikers Friedrich Laux von 1989 lassen sich anhand bestimmter Waffenkombinationen im südlichen Schleswig-Holstein und im westlichen Mecklenburg-Vorpommern einige Lokalgruppen der nordischen älteren Bronzezeit unterscheiden. Dazu gehören die Westholsteinische Gruppe[1], die Segeberger Gruppe[2] und die Westmecklenburgische Gruppe[3].

Für die Westholsteinische Gruppe ist – laut Friedrich Laux – die Waffenausstattung mit einem Schwert und einer Lanzenspitze typisch, die vereinzelt durch ein Absatzbeil oder einen Dolch ergänzt wurde. Dagegen gilt für die Segeberger Gruppe die Bewaffnung mit einem Schwert und einem Absatzbeil als kennzeichnend, wozu häufig ein Dolch kommt. Die Angehörigen der östlich benachbarten Westmecklenburgischen Gruppe trugen ein Schwert, ein Absatzbeil und einen Dolch.

Die Menschen der nordischen Bronzezeit werden manchmal als »Urgermanen« bezeichnet, weil sie Vorfahren der ab der Eisenzeit um 500 v. Chr. nachweisbaren Germanen sein sollen. Wie ein Grabfund von Kampen auf der Nordseeinsel Sylt zeigt, gab es damals bereits Männer von erstaunlichem Körperwuchs. Dort hat man unter einem Grabhügel das Skelett eines 1,82 Meter großen Kriegers entdeckt, der offenbar in einem verrotteten Baumsarg bestattet worden ist.

Nach der Beisetzung eines Jugendlichen von Freienwill (Kreis Schleswig-Flensburg) zu schließen, war das

Haar manches »Urgermanen« dunkelblond, bis zu 20 Zentimeter lang und geflochten. In Baumsärgen auf Jütland (Dänemark) wurden häufig blonde Haare gefunden. Funde aus Dänemark zeigten, dass Frauen sehr kunstvolle Haartrachten mit Perücken, Haarrollen und -netzen trugen. Haarnetze bestanden – wie sich in einem Frauengrab aus Skrydstrup in Nordschleswig (Dänemark) herausstellte – mitunter aus Pferdehaar.

Dank ungewöhnlich erhaltener Bestattungen in Baumsärgen aus Dänemark ist die damalige Kleidung gut bekannt. Demnach trugen die Männer einen von der Brust bis zu den Knien reichenden Schurz mit Schulterträgern und quastenverziertem Stoffgürtel. Hinzu kamen an kühlen Tagen ein ovaler Schulterumhang und eine halbkugelige Mütze.

Zur Garderobe der Frauen gehörten ein bis auf die Füße fallender, faltenreicher Wollrock mit Quastengürtel und eine kurzärmelige Bluse im Kimonoschnitt. Mädchen dagegen waren – wie ein Fund aus Egtved in Dänemark belegt – mit einer Bluse und einem kniefreien Fransenrock, der sich zweimal um den Unterleib wickeln ließ, bekleidet. Die Füße von Frauen und Männern wurden mit Binden umwickelt und steckten in ledernen Sandalen.

Mit einer halbkugeligen Mütze auf dem Kopf sowie einem Kittel und einem Umhang – alles aus Wolle – angetan lag ein Krieger von Harrislee[4] (Kreis Schleswig-Flensburg) in einem Baumsarg. Er war in eine große wollene Decke gehüllt, von der Fetzen erhalten blieben.

Bei der Mütze wurden drei Stoffschichten übereinander gelegt, durch Walken zu Webfilz verarbeitet, geformt und durch zusätzlich eingezogene Fäden gepolstert. In Gräbern von Nebel auf der Nordseeinsel Amrum fand man Reste eines Gewandes mit dunkelbraunem und helleren Gewebe sowie einen Bernsteinknopf mit V-förmiger Durchbohrung.

Überbleibsel eines Stoffgürtels kamen in einem Grabhügel von Itzehoe (Kreis Steinfurt) in Schleswig-Holstein zum Vorschein. Wie ein Grabfund von Borum Eshøj westlich von Århus in Dänemark veranschaulicht, waren gewebte Gürtel manchmal drei Zentimeter breit, fast 2,50 Meter lang und hatten an jedem Ende als Abschluss eine Quaste.

Auf Körperpflege und Schönheitssinn deuten Kämme aus Geweih, bronzene Pinzetten, Ohrlöffel, Nagelreiniger und Tätowiernadeln hin. Kämme lagen in Dänemark sowohl in Frauen- als auch in Männergräbern. In Egtved steckte der Kamm hinter der bronzenen Gürtelscheibe, in Skrydstrup war er mit einer Schnur am Gürtel befestigt.

Die bronzenen Pinzetten (Nippzangen) zum Ausreißen störender Haare gelten als Nachahmungen von ebensolchen Geräten der süddeutschen Hügelgräber-Kultur.

Tätowiernadeln bestanden aus einem kurzen Stück Bronzedraht, der an einem Ende zugespitzt und am anderen breitgehämmert ist. Man hat diese Nadeln oder

Pfrieme aber auch schon als Geräte zum Entfernen von Dornen gedeutet.

An drei Orten in Schleswig-Holstein wurden bereits im 19. Jahrhundert bronzene Beschläge von Klappstühlen entdeckt. Solche Sitzmöbel sind aus Ottenbüttel[5] und Drage[6] (beide im Kreis Steinburg) sowie in Hollingstedt[7] (Kreis Dithmarschen) nachgewiesen. Dass es sich hierbei um Klappstühle handelte, hat als erster der Kustos am damaligen Museum Vaterländischer Alterthümer zu Kiel, Friedrich Knorr (1872–1936), erkannt.

In Ottenbüttel lagen neun Bronzeknäufe, in denen teilweise Holzreste steckten, in einem Grab, in Drage waren es drei und in Hollingstedt vier (ebenfalls mit Holzresten). Die Bronzeknäufe dienten als Endbeschläge der runden oder leicht ovalen Hölzer, aus denen die Klappstühle konstruiert waren. Teilweise wurden auch Bronzebolzen gefunden, welche die beiden Rahmenteile verbanden. Mit den vereinzelt geborgenen bronzenen Ziernägeln ist die Sitzfläche aus Fell oder Leder an den oberen Längsholmen befestigt worden.

Relikte von Klappstühlen aus der nordischen älteren Bronzezeit kennt man auch aus Mecklenburg-Vorpommern (Bechelsdorf bei Niendorf[8], Kreis Nordwestmecklenburg) und Dänemark (Guldhøj bei Vamdrup) sowie aus der Stader Gruppe (Daensen, Stadt Buxtehude, Kreis Stade). Bei dem Fund aus Bechelsdorf handelt es sich um Teile eines Klappstuhls mit Sitzleisten aus Weißbuchenholz und verzierten Bronzekapseln. Das

17

Zeichnung auf Seite 19:

Mit einem Beil bewaffneter Häuptling
aus der älteren Bronzezeit in Norddeutschland.
Er sitzt auf einem Klappstuhl
Zeichnung von Friederike Hilscher-Ehlert, Königswinter,
für das Buch »Deutschland in der Bronzezeit« (1996)
von Ernst Probst

19

in einem Baumsarg von Guldhøj entdeckte Exemplar ist vollständig erhalten.

Derartige Sitzmöbel gelten als eine Eigenart der nordischen Bronzezeit und waren in Europa offenbar auf Norddeutschland und Dänemark beschränkt. Manche Prähistoriker meinen, die Klappstühle seien bedeutenden Männern vorbehalten gewesen, denen auf Reisen ein hervorragender Sitz zustand. Ähnlich alt wie die nordischen Klappstühle sind zwei solcher Sitzmöbel aus dem Grab des ägyptischen Pharaos Tutanchamun. Klappstühle wurden zudem auf Fresken in Ägypten und auf der Mittelmeerinsel Kreta dargestellt.

Abdrücke von Getreidekörnern auf Tongefäßen der nordischen älteren Bronzezeit und Reste von Getreidekörnern belegen den Anbau von Nacktgerste *(Hordeum vulgare* var. *nudum)*, mehrzeiliger Gerste *(Hordeum vulgare)*, Emmer *(Triticum dicoccon)* und Dinkel *(Triticum spelta)*. In Bordesholm-Schmalstede (Kreis Rendsburg-Eckernförde) wurden Gerstenkörner mit einem Gesamtgewicht von 346 Gramm gefunden.

Pflüge sind durch Pflugspuren unter Grabhügeln von Harrislee (Kreis Schleswig-Flensburg), Ramsdorf (Kreis Rendsburg-Eckernförde), Nebel auf der Nordseeinsel Amrum in Schleswig-Holstein und in Wendelstorf (Kreis Bad Doberan) in Mecklenburg-Vorpommern nachgewiesen. Sie wurden kreuz und quer von Hakenpflügen gezogen. In Harrislee lagen die Pflugspuren unter zwei Grabhügeln, in Ramsdorf und Nebel jeweils unter einem. Die Pflugspuren von Wendelstorf bedeckten eine Fläche von etwa 20 Quadratmetern und waren durchschnittlich fünf Zentimeter breit. Die Pflugspuren unter Grabhügeln sind unterschiedlich erklärbar. Sie können einerseits auf vormaligen Ackerbau hindeuten, andererseits aber auch entstanden sein, als man die Grasnarbe in handliche Plaggen zerlegte, die dann beim Bau des Hügels Verwendung fanden.

Pflugspuren aus dieser Zeit sind des weiteren von einigen Orten in Dänemark bekannt. Sie stammen von Pflügen, mit denen man die Erdoberfläche kreuz und quer aufritzte, aber den Ackerboden nicht wendete. Auf südschwedischen Felsbildern sind Pflüge zu sehen, die von Rindern gezogen werden.

Das reife Getreide wurde mit Feuersteinsicheln, aber auch schon mit aus Bronze gegossenen Geräten geschnitten. Allein in Mecklenburg-Vorpommern kamen an fast 20 Fundorten bronzene Knopfsicheln zum Vorschein. Ein Depot in Wieck (Kreis Güstrow) in Mecklenburg-Vorpommern umfasste vier Exemplare. Die Getreidekörner hat man auf Trogmühlen mit Mahlsteinen zerquetscht.

Als Haustiere sind im Nordischen Kreis Schafe, Ziegen, Rinder, Schweine, Hunde und Pferde nachgewiesen. In einem Hügelgrab von Schwaan (Kreis Bad Doberan) in Mecklenburg-Vorpommern hat man Pferdereste geborgen. Die kleinen Pferde gelten als Luxustiere der damaligen Oberklasse. Sie spielten auch eine Rolle als Zugtiere von Sonnenwagen im Sonnenkult.

22

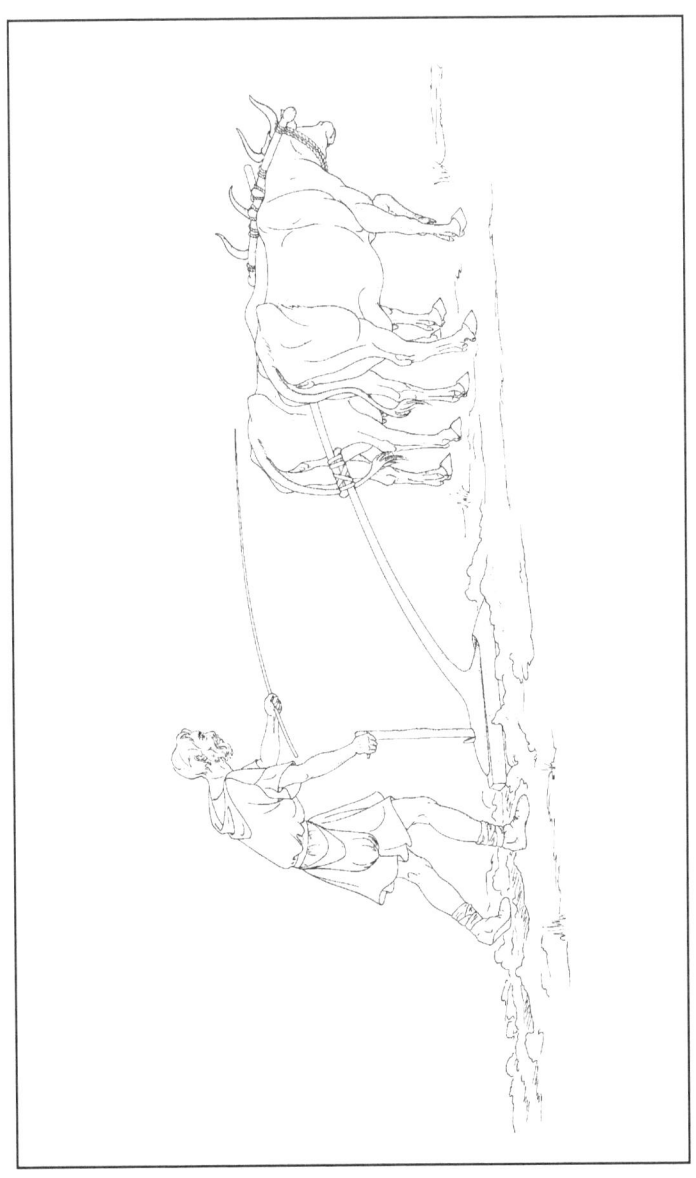

23

Am bereits erwähnten Fundort Bordesholm-Schmal-stede wurden verkohlte halbierte Wildäpfel *(Malus sylvestris)* im Gewicht von 200 Gramm sowie 40 Gramm geschälte und halbierte Eicheln von Stieleichen *(Quercus robur)* gefunden. Dabei handelte es sich wohl um missglücktes Dörrobst. Eine Vorratsgrube von Nørre Sondegård auf Bornholm (Dänemark) enthielt neben Getreidekörnern etwa 600 halbierte Holzäpfel, die zerschnitten und getrocknet wurden, bevor man sie als Wintervorrat konservierte. Außerdem hat man dort Nussschalen entdeckt.

Auf den Genuss von berauschenden Getränken weist ein Fund aus Egtved in Dänemark hin. Dort hatte man einer jungen Frau unter anderem eine kleine Schachtel aus Birkenrinde ins Grab gelegt, die mit Lindenbast zusammengenäht war. Die Schachtel enthielt Reste eines Fruchtbieres aus Weizen sowie Preiselbeeren *(Vaccinium vitisidaea)* oder Moosbeeren *(Vaccinium oxycoccus)* mit Zusatz von Porst *(Ledum)* und Honig, also eine alko-holische Mixtur.

Die schmucklos gestalteten Tongefäße der nordischen älteren Bronzezeit spiegeln den Niedergang des da-maligen Töpferhandwerks wider. Zum Formenschatz der Keramik gehörten Töpfe, Tassen, Becher und Schalen. Nur einzelne Töpfe wurden auf dem unteren Teil der Außenseite mit schrägen Riefen versehen.

Da es in der Norddeutschen Tiefebene weder Kupfer-noch Zinn- oder Goldvorkommen gab, musste das Rohmaterial für die Verarbeitung von Bronze und Gold von weit her importiert werden. Das Kupfer kam vermutlich aus Mittel- und Süddeutschland sowie Südosteuropa, das Zinn aus Cornwall und von den Britischen Inseln, das Gold vor allem aus Irland, aber auch aus den österreichischen Alpen oder aus Siebenbürgen. Als Gegengabe bei Tauschgeschäften diente vielleicht Bernstein von den Nordfriesischen Inseln und von der Ostseeküste.

Die von Metallhandwerkern der nordischen älteren Bronzezeit hergestellten Bronze- und Golderzeugnisse standen qualitativ und künstlerisch auf einem erstaunlich hohen Niveau. Sie wurden nur noch von gleichartigen Produkten ungarischer Metallhandwerker übertroffen.

Außer den in eigenen Werkstätten angefertigten Werkzeugen, Waffen, Metallgefäßen und Schmuckstücken schätzte man auch importierte Waren dieser Art, wodurch das heimische Metallhandwerk neue Anregungen erhielt. Dass neben Gussformen aus Stein auch solche aus Bronze benutzt wurden, zeigen Funde von Morsum auf der Nordseeinsel Sylt, von Rendsburg in Schleswig-Holstein und von Vorland bei Rolofshagen (Kreis Nordvorpommern).

Aus einem Grabhügel der Wikingerzeit von Morsum kamen Gussformen für Schwerter der älteren Bronzezeit zum Vorschein, die mit den Aufschüttungsmassen des Hügels von einer benachbarten Siedlung entnommen wurden. In Rendsburg hat man zwei Gussformen für nordische Absatzbeile entdeckt, die jeweils aus zwei Hälften bestehen. Mit der größeren dieser beiden Gussformen konnte ein 18,8 Zentimeter langes Beil gegossen werden, mit der kleineren eines von 16,9 Zentimeter Länge. Auch die Gussform von Vorland war für die Anfertigung von Absatzbeilen bestimmt.

Zu den bronzenen Werkzeugen gehörten unverzierte Beile, Messer und Meißel. Bei den Beilklingen lassen sich Absatz- und frühe Tüllenbeile unterscheiden. Unter den Meißeln kennt man pfriemartige Exemplare mit sehr schmaler Schneide, Tüllenmeißel und massive Meißel.

Ab der nordischen älteren Bronzezeit wurden auch in Schleswig-Holstein und Mecklenburg-Vorpommern bronzene Schwerter gegossen. Diese Stichwaffen hatten Griffe, die für eine sie umschließende Faust zu kurz waren. Offenbar musste der Besitzer den Daumen unterhalb des Griffes auf den obersten Teil der Klinge legen oder aber auf den Knaufkopf. Im ersten Fall führte man den Stich von unten, im zweiten von oben.

Während der Blüte der nordischen älteren Bronzezeit gehörten zur Waffenausrüstung eines Kriegers ein Schwert, Absatzbeil, Dolch und Speer. In Dänemark und Schweden gab es auch einschneidige bronzene »Krummschwerter«, die manchmal mit eine Öse zum Aufhängen versehen waren. Die »Krummschwerter« dienten jedoch nicht als Waffen, da die Schwertscheide mit dem Ortband gleich mitgegossen wurde. Es handelt sich sozusagen um eine Schwertscheide mit einem Griff.

Bei den Schwertern aus der Periode II der nordischen älteren Bronzezeit in Schleswig-Holstein und Mecklenburg-Vorpommern fällt der große Formenreichtum auf. Ihr Griff und ihr ovaler Knauf wurden oft mit Spiralmustern verziert. Mitunter hat man den Griff aber auch mit kräftig eingedrückten Dreiecken oder schmalen Rechtecken verschönert.

Das Schwert steckte in einer gefütterten hölzernen Scheide, die durch ein Bronzeortband zusammengehalten wurde und an einem Ledergürtel hing. Bronzeortbänder wurden in Gadeland (Kreis Segeberg) und Perdoel (Kreis Plön) in Schleswig-Holstein geborgen. Das Ortband von Gadeland besteht aus einem seitlichen, rechteckigen Bronzerahmen, der den unteren und seitlichen Abschluss einer Holzscheide bildete. Das Ortband endet unten mit einer spitzovalen Platte von 4,8 Zentimeter Länge und 1,8 Zentimeter Breite. Lederreste, deren Verwendungszweck teilweise nicht bekannt ist, kamen in Gräbern der Periode II in Mecklenburg-Vorpommern zum Vorschein.

Nach der Fundhäufigkeit in den Gräbern zu schließen, war das Beil neben dem Schwert die wichtigste Waffe. Die bronzene Klinge wurde in das aufgespaltene, knieförmig abgebogene obere Ende des hölzernen Schaftes eingesetzt und dann mit Lederbändern verschnürt. Reste des Holzschaftes und der Lederbindung hafteten an einem Absatzbeil von Poltnitz (Kreis

Parchim) in Mecklenburg-Vorpommern. Bei den reich mit eingeritzten Mustern verzierten Klingen handelte es sich wohl um Streitbeile.

Bronzene Vollgriffdolche, deren Klinge und Griff in einem Stück gegossen wurden, lagen sowohl in Gräbern von Männern als auch von Frauen. Manche Prähistoriker deuten dies als ein Indiz für die Ebenbürtigkeit der Geschlechter. Wie die Schwerter steckten auch die Dolche in hölzernen Scheiden. Von Nebel auf Anrum kennt man eine Dolchklinge mit Resten des Felles und des groben Wollgewebes, mit dem die Scheide ausgekleidet war.

Der in Schleswig-Holstein und Mecklenburg-Vorpommern reichlich vorkommende Feuerstein blieb in der nordischen älteren Bronzezeit ein beliebter Rohstoff für die Herstellung von Werkzeugen und Waffen. Das lässt sich an den Funden aus Siedlungen und Gräbern ablesen. Dagegen findet man in den Siedlungen aus dieser Zeit keine Bronzeerzeugnisse, weil diese, wenn sie unbrauchbar waren, umgeschmolzen wurden.

Vom Fleiß und Geschick eines Feuersteinschlägers zeugt ein Platz bei Bellin[9] (Kreis Güstrow) in Mecklenburg-Vorpommern, der einst am Nordrand eines größeren, später völlig verlandeten Sees lag. Auf einer Fläche von etwa zwei mal 1,50 Metern wurde eine bis zu 20 Zentimeter hohe Schicht mit schätzungsweise 500.000 Abschlägen zwischen drei und 80 Millimeter Länge sowie mit fertigen Werkzeugen und Waffen gefunden. Die Geräte waren auf zwei Ambosssteinen, die mit dem

Unterteil tief im Boden steckten, zurechtgehauen worden. Unter der Lage mit Feuersteinabschlägen befand sich eine Feuerstelle, deren Brandschicht 128 ganze und 152 bruchstückhafte Getreidekörner von Nacktgerste enthielt, die alle angekohlt sind. Eine Datierung von Funden aus der Feuerstelle mit der C14-Methode ergab ein Alter zwischen 1450 und 1310 v. Chr., das auch für die direkt darüber liegenden Feuersteinabschläge gilt.

Zu den fertigen Werkzeugen und Waffen aus Feuerstein von diesem Fundort gehören eine Flintspitze, zwei Pfeilspitzen, zwei Halbrundschaber, sieben Abschlagschaber, ein pickelartiges Gerät, ein sägenartiger Abschlag, ein kleines scheibenbeilartiges Gerät, ein dünn retuschierter Abschlag. Weitere Funde sind 64 Bruchstücke von angefangenen Werkzeugen (beispielsweise Halbmondmesser) und Waffen (drei Speerspitzen) sowie Schlagsteine und Scherben unverzierter Tongefäße.

Den Toten wurden gelegentlich ein Feuerschlagstein und eine Pyritknolle mit ins Grab gelegt. Offenbar sollten sie – damaligen Glaubensvorstellungen entsprechend – auch im Jenseits bei Bedarf ein Feuer entfachen können. Ein solches Feuerschlagbesteck fand sich in einem Grab bei Ramsdorf (Kreis Rendsburg-Eckernförde) in Schleswig-Holstein.

Neben den bereits erwähnten bronzenen Waffen – wie Schwert, Beil, Dolch und Lanze – wurden in zahlreichen Gräbern kunstvoll aus Feuerstein zurechtgeschlagene

Bild auf Seite 31:

Rückkehr der Krieger
aus einem Frühjahrsfeldzug über See in die Heimat
auf einer Zeichnung
des dänischen Künstlers Karl Jensen.
Kleidung, Waffen und Schmuck
wurden nach Funden und Felsbildern
in Schleswig-Holstein
und Dänemark dargestellt.

Dolche entdeckt. Derartige Waffen von zehn und mehr Zentimeter Länge mit teilweise fischschwanzförmigem Griff (Fischschwanzdolche) kennt man aus Schleswig-Holstein und Mecklenburg-Vorpommern. In einem Grab mit Holzsarg von Tinnum auf Sylt lagen sogar drei Feuersteindolche.

Importwaren aus fernen Gegenden, die nur über das Meer erreichbar waren, sowie Darstellungen von Booten oder Schiffen auf Bronzeobjekten und skandinavischen Felsbildern deuten auf rege Schifffahrt hin. Auf den Schiffsmotiven sind keine Segel zu erkennen. Demnach wurden die Schiffe durch Paddel fortbewegt. Die mit Spiralen oder Tierköpfen verzierten Steven ähneln den Drachenschiffen der späteren Wikinger. Häufig endete die Kielplanke hinten und vorne mit einem Rammsporn. Offenbar ging es auf dem Meer nicht immer friedlich zu.

In Granzin (Kreis Ludwigslust) in Mecklenburg-Vorpommern wurde ein Knebel aus Geweih entdeckt, der zu einem Pferdegeschirr gehört haben dürfte. Pferde dienten damals vielleicht nicht nur als Reit-, sondern auch als Zugtiere von leichten Wagen mit Speichenrädern. Dagegen wurden schwere, vierrädrige Wagen mit Scheibenrädern wohl von Rindern gezogen.

Der Transport von Tauschwaren aus fernen Gebieten erfolgte über das Meer, auf großen Flüssen, wie Elbe und Oder, sowie auf dem Landweg. Während der Periode II spielte offenbar die westliche Handelsroute eine wichtige Rolle. Diese führte – wie Funde von fremden

Gütern zeigen – von der Elbe abwärts über Niedersachsen und Westholstein an den Nordfriesischen Inseln vorbei zur Bernsteinküste in Jütland. Damals bestanden rege Handelskontakte mit der Hügelgräber-Kultur.

Als Importstück aus der Periode II gilt das älteste Vollgriffschwert Mecklenburg-Vorpommerns, das in Alt Sührkow[10] (Kreis Güstrow) gefunden wurde. Es gehört zu den Schwertern vom Typ Apa/Haidúsámson, der nach prachtvollen Depotfunden in Rumänien und Ungarn benannt ist. Aus Ungarn soll auch eine bronzene Streitaxt stammen, die in Bad Oldesloe-Poggensee in Schleswig-Holstein geborgen werden konnte.

In Gräbern von Friedrichsruhe (Kreis Parchim), Lehsen (Kreis Ludwigslust) und Plate-Peckatel (Kreis Mecklenburg-Strelitz) lagen kleine grün- und hellblaue Glasperlen.

Die Exemplare von Friedrichsruhe sind länglich, röhrenförmig und haben eine dunkelblaue Färbung mit weißgelber Bänderung. Früher galten solche Glasperlen als aus dem Süden eingeführte Handelsobjekte. Der Münchener Prähistoriker Paul Reinecke (1872–1958) vermutete bei einem Teil von ihnen sogar das Neue Reich in Ägypten als Ursprungsland. Heute wird allgemein der Ostalpenraum als Herkunftsgebiet angenommen.

Die Frauen der nordischen älteren Bronzezeit trugen bronzene und mitunter goldene Schmuckstücke auf der Stirn, an den Haaren, Ohren, am Hals, an den Armen,

Fingern, Beinen, auf der Kleidung und am Gürtel. Hinsichtlich des Dekors lassen sich drei zeitlich aufeinanderfolgende Stilrichtungen unterscheiden. Typisch für den ersten Stil sind Ornamente mit Parallellinien, Punktreihen, schraffierten Dreiecken, Rhomben, Zickzacklinien und Halbbogenreihen. Der zweite Stil dagegen ist durch Spiralverzierung und der dritte Stil durch feine Ornamente gekennzeichnet.

Die in Gräbern der nordischen älteren Bronzezeit entdeckten Schmuckstücke spiegeln einen erstaunlichen Goldreichtum wider. Metallanalysen zufolge stammt das Gold aus Irland, den österreichischen Alpen oder aus Siebenbürgen. Das begehrte Edelmetall wurde meistens in Form von Drahtspiralen getauscht. Dies hatte für die Händler vielleicht den Vorteil, dass sie das Gold am Arm unter der Kleidung versteckt tragen konnten. Nach den Funden aus Gräbern zu schließen, war Goldschmuck meistens Männern vorbehalten.

Der erwähnte Krieger von Harrislee (Kreis Schleswig-Flensburg) besaß außer zwei goldenen Spiralfingerringen zwei goldene Haarlockenringe, die an einer Haarlocke der Schläfen befestigt waren. Goldene Haarlockenringe kennt man auch aus Gräbern von Gülzow (Kreis Herzogtum Lauenburg), bei Flensburg (Fundstelle Margarethen- oder Nonnenberg), von Nebel auf Amrum in Schleswig-Holstein und von Stülow (Kreis Bad Doberan) in Mecklenburg-Vorpommern. In Flensburg steckte das verbogene Stück Golddraht noch am Haarschopf. Andere

Männergräber enthielten goldene Locken-, Arm- und Fingerringe.

In seltenen Fällen trugen Frauen ein schmales goldenes Stirnband (»Diadem«) um den Kopf. Um ein solches Schmuckstück könnte es sich bei dem gebogenen Goldband mit zwei Löchern an den Enden handeln, das aus einem Grabhügel bei Flensburg (Margarethenberg) geborgen wurde.

Zum Halsschmuck der Frauen gehörten im frühen Abschnitt der nordischen älteren Bronzezeit breite, bandförmige Halskragen aus Bronze- und gelegentlich sogar aus Goldblech. An ihre Stelle traten später gedrehte oder glatte bronzene Halsringe. Außerdem legte man sich Ketten mit Bernstein- und Glasperlen sowie Bronzeschmuck als Anhängern um. Sowohl die Halskragen als auch die dünnen Halsringe waren offen, damit man sie aufbiegen und um den Hals legen oder wieder abnehmen konnte.

In Mecklenburg-Vorpommern gab es bei den bronzenen Halskragen zwei Haupttypen, die sich durch ihre Rippenverzierung unterscheiden. Bei einem Typ stehen die – meistens neun – Rippen in Längsrichtung eng beieinander. Dagegen hat der andere Typ drei Rippenpaare in Längsrichtung, die durch flache Zonen mit eingravierten Verzierungsmustern unterbrochen werden. Aus Schwasdorf (Kreis Güstrow) in Mecklenburg-Vorpommern ist sogar ein goldener Halskragen bekannt.

Halsringe wurden meistens in Frauengräbern gefunden. Gar nicht selten legten sich Frauen mehrere unterschiedlich große Halsringe übereinander um den Hals. Bronzene Ösenhalsringe fanden sich nicht in Gräbern, sondern nur in Depots. Offenbar hatten sie eine Funktion als Barren, wie das Depot von Nipmerow auf Rügen mit roh gegossenen Formen belegt. Nach Ansicht von Prähistorikern dienten die Ösenhalsringe als Schmuckgeld und wurden wohl am Körper getragen.

An den Halsketten prangten Bernsteinperlen von den Nordfriesischen Inseln und der Ostsee, importierte Glasperlen und bronzene Spiralröllchen als Anhänger. Bernsteinperlen sind aus Grabhügeln mit Baumsarg-bestattungen von Nebel und Norddorf auf Amrum bekannt. Spiralröllchen mit einem Durchmesser von vier Millimetern reihte man auf mehrere Fäden auf und erhielt somit eine prächtige Halskette.

Die Arme wurden häufig mit bronzenen Spiralen und massiven Ringen, seltener mit Manschettenringen aus Bronzeblech (auch Stulpen genannt) geschmückt. Offene Armringe kamen vor allem in Frauengräbern zum Vorschein. Dagegen lagen offene Manschettenarmringe nur in Depots von Mecklenburg-Vorpommern.

Unter den bronzenen Armspiralen gab es vor allem Stücke, deren Draht einen schmalen, dreieckigen oder spitzovalen Querschnitt aufweist. Sie haben etwa zehn bis zwanzig Windungen. Seltenere Spiralarmbänder aus breitem bandförmigen Draht dagegen besitzen nur zwei oder drei Windungen und enden vielfach an beiden Seiten in einer weiteren Spirale. Außerdem verfügen sie über eine schmale Mittelrippe, die auf der einen Seite durch eine Punktreihe und auf der anderen durch ein gepunktetes Zickzackband begleitet wird.

Auch für einen Teil der Spiralarmringe diente Golddraht als Material. Allein in einem Grabhügel von Nebel auf Amrum wurden aus zwei Gräbern je zwei goldene Spiralarmringe geborgen. In einem Fall steckten die Ringe dicht übereinander am gleichen Arm. Je zwei goldene Spiralarmringe lagen auch in einem Grab von Ahneby (Kreis Schleswig-Flensburg), Ramstedt (Kreis Rendsburg-Eckernförde) und Utersum auf Föhr und je einer in Kampen und Tinnum auf Sylt.

Die massiven bronzenen Armringe sind meistens zu Ovalen geformt. Ihre Verzierungen bestehen aus Querkerben, Schräglinien, Winkeln, Dreiecken, Spitzovalen und Punktreihen an der Mittelkante.

Außer gedrehten bronzenen Armringen hat man auch goldene angefertigt, wie ein Exemplar aus dem Grabhügel 91 von Nebel auf Amrum veranschaulicht. Eines seiner Enden ist umgebogen, das andere läuft in zwei Spiralen aus. Auf den bronzenen Manschettenarmbändern wurden oft eng beieinanderstehende Rippen als Ornamentierung angebracht.

Bei den bronzenen Fingerringen gab es spiralförmige und in sich geschlossene Reifen. Die Fingerringe aus dünnem Draht mit rundem oder ovalem Querschnitt haben nur wenige Windungen. Unter den in sich geschlossenen Reifen überwiegen Exemplare mit bandförmiger Gestalt, die durch Längslinien- oder Zickzackmuster verziert sind. Seltener sind ein runder oder rautenförmiger Querschnitt.

Auch die Spiralfingerringe wurden teilweise aus einfach oder doppelt gebogenem Golddraht geformt. In einem Grabhügel mit mehreren Bestattungen von Ruchow (Kreis Parchim) in Mecklenburg-Vorpommern wurden insgesamt vier goldene Spiralfingerringe und ein Goldfingerring entdeckt. Weitere Goldfingerringe kennt man von Neu Grebs (Kreis Ludwigslust) und von Slate (Kreis Parchim) in Mecklenburg-Vorpommern.

Bei etlichen Altfunden von kleinen goldenen Spiralringen in Gräbern lässt sich heute nicht mehr sicher sagen, ob es sich um Finger- oder um Haarlockenringe handelt. Denn beide sind einander sehr ähnlich. Zudem hat man früher bei Bergungen vielfach nicht genau auf die Lage der Fundstücke geachtet.

Neben ihrer praktischen Funktion als Gewandschließen hatten auch die bronzenen Nadeln und Fibeln (Gewandspangen) den Charakter von Schmuckstücken. In der Periode II wurden bronzene Scheibennadeln gegenüber Radnadeln bevorzugt. Bei den Scheibennadeln trägt die flach ausgehämmerte Scheibe Verzierungen. Ihr Rand ist mit drei Reihen kleiner und nach innen anschließend einer Reihe größerer Buckel versehen. Der Mittelpunkt wird durch einen Kreis kleiner Buckel oder Vertiefungen umgeben. Am oberen Ende ist der bandförmige Fortsatz rückwärts zu einer Öse eingerollt. Die heutigen Sicherheitsnadeln

ähnelnden bronzenen Fibeln haben einen sanduhr-
förmigen Kopf.

Weitere Schmuckstücke auf der Kleidung waren ge-
wölbte Bernsteinknöpfe mit Löchern auf der Unterseite zum Festnähen sowie zwei Zentimeter hohe,
kegelförmige bronzene Hütchen (Tutuli), die häufig die
Brustgegend zierten.

Die Tutuli wurden in unterschiedlicher Weise auf
der Kleidung befestigt. Ein Teil von ihnen hatte am
Rand Löcher, damit man sie festnähen konnte. Andere
dagegen wiesen am unteren Rand zwei schmale
gegenüberliegende Flügel auf, die man – nachdem
man sie durch das Gewand hindurchgeführt hatte –
umbog.

Als dekorativer Hängeschmuck auf der Brust dienten
gelegentlich bronzene Brillenspiralen. Sie bestehen aus
zwei durch einen Bügel verbundenen Spiralplatten.

Einen ungewöhnlichen Blickfang stellte zuweilen der
bronzene Gürtelschmuck der Frauen dar. Er war in
Form einer Scheibe bis zur Größe einer heutigen
Untertasse gestaltet und mit einer Öse auf der Rück-
seite versehen, durch die man den Gürtel zog. Die
Schmuckscheibe läuft entweder in einem spitzen
Mitteldorn aus oder ist von mehreren kleinen Buckeln
umgeben. Im westlichen Teil von Holstein und in der
Stader Geest trugen die Frauen statt einer großen
Scheibe sogar zwei mittelgroße Scheiben nebeneinan-
der am Gürtel. Derartige Exemplare sind mit Spiral-
reihen und Kreiszonen verziert.

Aus Bordesholm (Kreis Rendsburg-Eckernförde) in Schleswig-Holstein liegt eine sechs Zentimeter hohe, gegossene, bronzene Gürteldose vor. Sie wurde vermutlich einer hölzernen Spanschachtel nachempfunden und von einer Frau am Gürtel getragen. In Schleswig-Holstein und Mecklenburg-Vorpommern wurden bisher keine Felsbilder wie in Skandinavien entdeckt.

In Norddeutschland zeugen meistens mit konzentrischen Kreisen und Spiralbändern verzierte Waffen (vor allem bronzene Schwerter) und Schmuckstücke von der Kunst der nordischen älteren Bronzezeit. Die als Sonnensymbole gedeuteten konzentrischen Kreise und Räder sowie die Spiralen sind vermutlich aus dem südöstlichen Donauraum infolge von Handelskontakten nach Norddeutschland gelangt.

Zu den Musikinstrumenten jener Zeit gehörten vermutlich auch Trommeln, worauf ein umstrittener Fund aus dem Moor bei Balkåkra unweit von Ystadt in Schonen (Schweden) hindeutet Die davon erhaltenen Bronzeteile dienten nach Ansicht mancher Autoren als Verkleidung für einen runden Aufsatz aus Holz. Auf der Außen- und Unterseite der mutmaßlichen Bronzetrommel sind Sonnensymbole dargestellt. Das genaue Gegenstück dieses Fundes wurde 1914 in Hazfalva (Maschendorf, Ungarn) entdeckt. Das angebliche Musikinstrument von Balkåkra könnte als Zeremonialtrommel beim vermuteten Ritual der Sonnenanbetung geschlagen worden sein.

Schon seit dem 18. Jahrhundert ist der fragmentarisch erhaltene Bronzebeschlag eines Hornes aus Bochin (Kreis Ludwigslust) in Mecklenburg-Vorpommern bekannt. Der Beschlag hat einen Mündungsdurchmesser von 10,5 Zentimetern und besitzt eine Öse mit Querriefen. Seine Verzierung besteht aus einem geometrischen Ornament mit Liniengruppen und ineinandergestellten Dreiecken. Der Archivar und Leiter der Großherzoglichen Sammlungen in Schwerin, Georg Christian Friedrich Lisch (1801—1883), hatte diesen Fund 1837 irrtümlich für ein Gefäß aus Erz gehalten. Die Toten wurden einzeln und häufig reich mit Schmuck und Waffen versehen in Baum- oder Bohlensärgen bestattet. Oft hat man den Sarg ringsum mit Steinen geschützt und darüber aus Sand oder Heideplaggen einen Hügel errichtet. Vielfach wurden die Hügel durch spätere Bestattungen (so genannte Nachbestattungen) vergrößert. In einem Grabhügel von Morsum auf Sylt sind im Laufe der Zeit insgesamt 35 Beisetzungen vorgenommen worden. Gelegentlich hat man Grabhügel mit einem Steinkreis umgeben. Die Grabhügel stehen einzeln, in Gruppen oder in Reihen auf Kuppen beziehungsweise an ehemaligen Wegen in der Landschaft. Sie sind 1,50 bis acht Meter hoch und haben einen Durchmesser von 15 bis 40 Metern. Von den einstigen Baumsärgen blieben meistens nur fettige, dunkle Erdstreifen übrig, zwischen denen die grün patinierten bronzenen Grabbeigaben lagen, während die Skelette meistens vergangen sind.

Es gibt aber auch einige Fälle in Schleswig-Holstein (Harrislee) und Dänemark (Egtved), bei denen der Baumsarg sowie das Skelett und die Kleidung des Toten geborgen werden konnten. Dies war möglich, weil sich die Heidesoden des Grabhügels bald nach der Bestattung schwammartig voll Wasser gesogen hatten. Dabei bildeten sich im Hügel so genannte Ortsteinbänder, die den Sarg luftdicht ummantelten. Die Feuchtigkeit im Inneren der Kapsel verband sich dann mit der Gerbsäure des eichenen Sarges, wodurch Fäulnisbakterien ferngehalten wurden.

Zu Beginn der nordischen älteren Bronzezeit wurden die Toten meistens unverbrannt beerdigt. Doch allmählich verdrängten Einflüsse aus dem Südosten auch im Nordischen Kreis immer mehr die Körperbestattung zugunsten der Brandbestattung. Auf Sylt setzten die ersten Brandbestattungen schon gegen Ende der Periode I um 1600 v. Chr. ein, auf dem nordfriesischen Festland in der Periode III um 1200 und in anderen Gebieten erst in der Periode IV um 1100 v. Chr.

Besonders viele eindrucksvolle Grabhügel aus der nordischen älteren Bronzezeit finden sich auf Sylt. Als der größte davon gilt der Grabhügel Gurt Brönshoog mit einem Durchmesser von 33 Metern, der in den Sylter Sagen über den Kampf der Riesen und Zwerge eine wichtige Rolle spielte. Auf ihm hat ein Leuchtturmwärter um 1857 einen Garten angelegt.

Eine der schönsten Hügelgräber-Gruppen der nordischen älteren Bronzezeit von Sylt liegt auf einer hohen kreisförmigen Kuppe östlich von Morsum. Dabei handelt es sich um 20 teilweise noch erhaltene Grabhügel. Der größte davon ist der 3,50 Meter hohe Markmanshoog. Dieses Gräberfeld enthält vor allem Urnen der Periode III. Viele andere Grabhügel auf Sylt wurden im Zweiten Weltkrieg beim Bau von Flak-batterien, Scheinwerferstellungen und niemals benutzten Festungsanlagen zerstört.

In Mecklenburg-Vorpommern sind zahlreiche Hügel-gräber-Gruppen der nordischen älteren Bronzezeit bereits im 19. Jahrhundert von Lehrern und Pastoren, die sich als Heimatforscher betätigten, untersucht wor-den. Solche seit langem bekannte Friedhöfe gibt es in Sandkrug[11] (Kreis Uecker-Randow), Slate[12] und Friedrichsruhe[13] (beide im Kreis Parchim), Alt-Sammit[14] (Kreis Güstrow), Wittenburg[15] (Kreis-Ludwigslust), Bad Doberan[16] (Kreis Bad Doberan) und in Plate-Peckatel[17] (Kreis Mecklenburg-Strelitz). In Slate wurden etwa 25 Grabhügel angelegt, in Alt-Sammit ungefähr 15, in Friedrichsruhe 15, in Wittenburg acht, in Bad Doberan und Sandkrug je sieben, in Peckatel vier.

Gelegentlich fanden Verstorbene nicht in Grab-hügeln, sondern in Großsteingräbern der Jungstein-zeit, die vor mehr als 3000 v. Chr. erbaut worden sind, ihre letzte Ruhestätte. Eine derartige Nach-bestattung kam in Süderschmedeby (Kreis Schleswig-Flensburg) zum Vorschein. Es war ein Männergrab mit bronzenem Schwert, Lanzenspitze und Dolch als Beigaben.

Die reichen Grabbeigaben in Form von Werkzeugen, Waffen und Schmuck deuten auf große Achtung für die Verstorbenen sowie auf den Glauben an das Weiterleben nach dem Tod hin. In krassem Gegensatz dazu stehen Bestattungen, bei denen dem Toten der vom Hals getrennte Schädel in den Schoß oder vor die Füße gelegt beziehungsweise sogar nur der Schädel bestattet wurde. Schädel in Schoßlage des Verstorbenen wurden sind von Schöningstedt (Kreis Stormarn) in Schleswig-Holstein sowie von Blengow und Ziesendorf (beide im Kreis Bad Doberan) in Mecklenburg-Vorpommern bekannt. In Schuby (Kreis Schleswig-Flensburg) fand sich der Schädel zu Füßen des Skelettes. Daran knüpfte der Kieler Kustos Wilhelm Splieth (1862–1901) die Sage von einem im Kampf gefallenen König, dem die »Schwarze Margret« den Kopf abgeschlagen habe.

Ausschließliche Beisetzungen von Schädeln haben in Mecklenburg-Vorpommern (Puddemin auf Rügen, Grabow im Kreis Ludwigslust, Grebbin im Kreis Parchim) und in Kampen auf Sylt stattgefunden. Was mit dem übrigen Skelett geschah, entzieht sich unserer Kenntnis. Vielleicht wollte man mit diesen Sonderbehandlungen der Schädel die Rückkehr von zu Lebzeiten gefürchteten Toten verhindern.

Als archäologische Zeugen des damaligen Sonnenkults werden so genannte Sonnensymbole auf Felsblöcken sowie auf Goldschalen und -scheiben betrachtet. Das mehrspeichige Radsymbol soll eine verfremdete Darstellung der Sonnenscheibe sein, einige Autoren definieren es jedoch auch als symbolische Wiedergabe eines Wagens. Großflächige Felsbilder mit Schiffs-, Kult- und Götterdarstellungen sowie Sonnenwagen, wie man sie aus Skandinavien kennt, wurden bisher in Schleswig-Holstein und Mecklenburg-Vorpommern nicht entdeckt.

Ein 35 Zentimeter hoher und 33 Zentimeter breiter Stein von Süderschmedeby[18] (Kreis Schleswig-Flensburg) in Schleswig-Holstein, der südlich eines Grabhügels gefunden wurde, ist mit einem 22 Zentimeter großen Sonnensymbol versehen. Es handelt sich um einen Kreis, in dessen Zentrum eine Schälchengrube liegt. Durch die Schälchengrube laufen sechs schmale Linien. Offenbar hatte man ein zwölfspeichiges Rad darstellen wollen.

Mit zwei Radsymbolen ist ein 70 Zentimeter hoher Stein von Bordstedtfelde[19] (Kreis Rendsburg-Eckernförde) in Schleswig-Holstein verziert. Das größere Radsymbol auf der Vorderseite hat einen Durchmesser von 40 Zentimetern und besteht aus acht Speichen, die in einer zentral gelegenen Schälchengrube zusammenlaufen. Das Radsymbol auf der Rückseite ist lediglich als Kreis wiedergegeben, in dessen Mitte sich eine tiefe Schälchengrube findet. Außer- und innerhalb des Kreises wurden zahlreiche Schälchengruben angebracht. Dieses Motiv wirkt so, als ob es nicht vollendet worden sei.

Manchmal wurden Radsymbole zusammen mit Schälchengruben, Hand- und Fußdarstellungen in Decksteinen von jungsteinzeitlichen Großsteingräbern

Stein mit 40 Zentimeter großem Radsymbol
auf der Vorderseite aus Borgstedtfelde
(Kreis Rendsburg-Eckernförde) in Schleswig-Holstein.
Höhe 70 Zentimeter.
Original bei Peter Naeve, Borgstedtfelde

46

eingraviert. Dies ist in Bunsoh[20] (Kreis Dithmarschen) in Schleswig-Holstein der Fall. Auf dem dortigen Deckstein sind außer Schälchengruben, von denen einige durch breite Rillen verbunden wurden, die Darstellungen eines Fußabdrucks und mehrerer Hände sowie eine von einem Kreis umgebene Schälchengrube und ein Radkreuz zu sehen.

Auch in einen 1,22 Meter langen und 83 Zentimeter breiten Stein von Klein-Meinsdorf[21] (Kreis Plön) in Schleswig-Holstein wurde neben wenigen Schälchengruben sowie Bildern von Händen und Füßen ein vierspeichiges Rad eingetieft. Diesen Fund hat man gelegentlich in die Jungsteinzeit datiert.

Auf anderen Steinen sind nur Hände und Füße wiedergegeben, womit vielleicht Götter symbolisiert wurden. Je ein Hand- und Fußbild neben reihenförmig angeordneten Schälchengruben bilden die Motive auf einem imposanten Stein von Beldorf[22] (Kreis Rendsburg-Eckernförde) in Schleswig-Holstein. Neben diesem Stein steht ein mannshohes Exemplar, das auf der Vorderseite fast ganz, auf der Rückseite dagegen nur teilweise bearbeitet wurde. Auf der Vorderseite ist die Furchenzeichnung eines netzförmigen Gebildes erkennbar. Die obere Partie der Rückseite wird von zahlreichen Schälchengruben bedeckt. Beide Steine zusammen erwecken einen altarähnlichen Eindruck.

Ein Stein von Schülldorf[23] (Kreis Rendsburg-Eckernförde) in Schleswig-Holstein zeigt neben Schälchengruben, verbindenden Rillen, zwei schematisch

Foto auf Seite 49:

Sonnenwagen mit goldbelegter Bronzescheibe
und bronzenem Pferd
aus Trundholm auf Seeland in Dänemark.
Gesamtlänge etwa 60 Zentimeter.
Original im Nationalmusem Kopenhagen

dargestellten Füßen auch ein kleines Kreuz und eine Axtdarstellung.

Um Hand- und Fußbilder handelt es sich vielleicht ebenfalls bei den verwaschen wirkenden Motiven auf einem Stein von Oelixdorf[24] (Kreis Steinburg) in Schleswig-Holstein.

Insgesamt vier Radsymbole sind auf dem Deckstein eines ehemaligen jungsteinzeitlichen Großsteingrabes von Blengow[25] (Kreis Bad Doberan) in Mecklenburg-Vorpommern zu sehen. Man hat sie neben einer Schalengrube angebracht und allesamt durch ein Kreuz unterteilt. Solche vierspeichigen Räder waren ein beliebtes Motiv bei skandinavischen Felsbildern.

Als Kultobjekte, die vermutlich im Rahmen religiöser Zeremonien Verwendung fanden, gelten die insgesamt etwa 50 bronzezeitlichen Goldgefäße, die vor allem in Dänemark, aber auch in Schleswig-Holstein gefunden wurden. Es sind mehr als doppelt so viele Exemplare wie im übrigen Deutschland und Frankreich zusammen. Aus dem Grab eines Priesters, der dem Sonnenkult huldigte, könnte die Goldscheibe von Glüsing[26] (Kreis Dithmarschen) in Schleswig-Holstein gestammt haben, die mit zahlreichen Sonnensymbolen verziert ist. Den Mann, dem sie gehörte, hatte man mit einem bronzenen Vollgriffschwert, zwei Absatzbeilen und einem Dolch für das Jenseits ausgerüstet. Die Goldblechscheibe wies ursprünglich einen Durchmesser von 19,5 Zentimetern auf. Sie war stark fragmentiert und durch eine Bronze-unterlage verstärkt. Leider ging dieser Fund während des Zweiten Weltkrieg im Museum für Vor- und Frühgeschichte, Berlin, verloren.

Möglicherweise wurde in Wittbeck (Kreis Nordfriesland) in Schleswig-Holstein sogar das metallene Zugpferd eines Sonnenwagens ans Tageslicht gebracht. Dort soll 1802 ein Einheimischer angeblich in einem Grabhügel namens Hingstbarg ein metallenes Pferd gefunden haben, das er niemandem zeigte und heimlich verkaufte. Als der berühmteste Sonnenwagen des Nordischen Kreises gilt das von einem Pferd gezogene Gefährt aus dem Moor von Trundholm in Dänemark.

Auf Sylt, Amrum und Föhr wurden unter und neben Gräbern mitunter Überreste von Opferfeuern entdeckt, zwischen denen neben Haufen von Muschelschalen und Meeresschnecken mehrfach Tierknochen vor allem vom Rind lagen. In Nebel auf Amrum konnte man in einem Grabhügel inmitten von Muschellagen sogar zerschlagene Gebeine von drei Menschen bergen, die offenbar im Rahmen eines Muschelopfers in den Hügel gelangten. Ob es sich bei den Menschenknochen um Opfer von Kannibalismus handelte, ist ungewiss. Die Muscheln und Schnecken sind größtenteils nicht geöffnet und verzehrt, sondern verschlossen niedergelegt worden.

Dass auch im Gebiet des Nordischen Kreises gelegentlich Menschen geopfert worden sein könnten, verrät die Bestattung einer 18 bis 25 Jahre alten Frau von Egtved in Dänemark. Vor dem Gesicht der in einem Baumsarg liegenden und in eine Kuhhaut gewickelten

Frau befand sich eine kleine Schachtel aus Lindenrinde mit Bruchstücken verbrannter Menschenknochen. Bei ihren Füßen lagen die angebrannten Knochen eines sieben- bis achtjährigen Kindes, die mit Wollstoff umwickelt waren und wie Bündel aussahen. Vielleicht handelte es sich hierbei um ein Opfer.

Anmerkungen

1] Der Begriff Westholsteinische Gruppe wurde 1989 von dem Hamburger Prähistoriker Friedrich Laux vorgeschlagen.

2] Den Namen Segeberger Gruppe hat 1989 Friedrich Laux (s. Anm. 1) geprägt.

3] Der Ausdruck Westmecklenburger Gruppe wurde 1989 von Friedrich Laux (s. Anm. 1) eingeführt.

4] Das Grab, aus dem unter anderem die Mütze von Harrislee stammt, wurde 1941 freigelegt.

5] Die Klappstuhlreste von Ottenbüttel wurden 1859 entdeckt.

6] Die Klappstuhlreste von Drage wurden 1887 gefunden.

7] Die Klappstuhlreste von Hollingstedt wurden 1862 geborgen.

8] Die Klappstuhlreste von Niendorf kamen 1869 zum Vorschein.

9] Der Feuersteinschlagplatz bei Bellin wurde am 12. Juli 1986 von dem Versicherungskaufmann und ehrenamtlichen Mitarbeiter des Museums für Ur- und Frühgeschichte Schwerin, Gerhard Bähr aus Güstrow, entdeckt. Die Fundstelle war bei Planierungsarbeiten für einen Stallbau freigelegt worden. Der Fund wurde 1990 von dem Kreisbodendenkmalpfleger Ing. Wilhelm Mastaler aus Güstrow publiziert.

10] Das Vollgriffschwert von Alt Sührkow wurde angeblich 1927 in einem Moor gefunden.

11] Fünf der sieben Grabhügel von Sandkrug wurden durch den Pastor Johann Ritter (1799–1880) aus Vietlübbe ausgegraben, zwei weitere durch den Gymnasiallehrer und Prähistoriker Robert Beltz (1854–1942) aus Schwerin. Beltz arbeitete seit 1880 nebenamtlich im Landesmuseum Schwerin und war bis 1930 Leiter der vorgeschichtlichen Abteilung.

12) In Slate wurde 1866 der Hügel I von dem Archivar Wilhelm Gottlieb Beyer (1801–1881) aus Schwerin ausgegraben. Die Hügel II, III und IV wurden beim Straßenbau zerstört und die Hügel V bis VIII von Robert Beltz (s. Anm. 11) ausgegraben.

13] Die ersten zwölf Grabhügel von Friedrichsruhe wurden 1881/82 durch Robert Beltz (s. Anm. 11) und den Lehrer Heinrich Wildhagen (1843–1933) in Helm freigelegt.

14] In Alt-Sammit wurden 1846 zwei Grabhügel beim Steinebrechen zerstört. 1847 hat man 12 bis 15 Grabhügel abgetragen.

15] Die meisten der Grabhügel von Wittenburg wurden durch den Pastor Johann Ritter (s. Anm. 11) ausgegraben.

16] Einer der Grabhügel von Bad Doberan wurde 1821 durch Großherzog Friedrich Franz I. (1785–1837) freigelegt.

17] Der Grabhügel I (»Königsberg« genannt) von Peckatel wurde 1843 durch den Leiter der Großherzoglichen Sammlungen in Schwerin, Georg Christian Friedrich Lisch (1801–1883), zum Teil ausgegraben. Dieser Grabhügel enthielt vier Gräber, im Grab 1 befand sich der Kesselwagen. Um den Grabhügel I rankte sich die Sage von den Unterirdischen, die auf dem Hügel getafelt haben sollen. Mit dem Grabhügel II ist die Sage von Unterirdischen, von einem Kessel und einer Tafel verbunden. Grabhügel III wurde beim Bahnbau zerstört.

18] Der Stein von Süderschmedeby mit dem Sonnensymbol (Sonnenrad) wurde 1956 von dem Landwirt und Gründer des Dorfmuseums, Herbert Klitzing aus Süderschmedeby, am Feldrand an einer Sammelstelle für Steine entdeckt.

19] Der Stein von Borgstedtfelde mit zwei Radsymbolen wurde 1938 von dem Landwirt Peter Naeve aus Borgstedtfelde gefunden.

20] Der Deckstein eines Großsteingrabes von Bunsoh mit Schälchengruben, Darstellungen eines Fußabdruckes und mehrerer Hände, einer von einem Kreis umgebenen Schälchengrube und einem Radkreuz wurde 1878 geborgen.

21] Der Stein von Klein-Meinsdorf mit Schälchengruben, Bildern von Händen und Füßen sowie einem vierspeichigen Rad wurde 1906 entdeckt. Er wird im Archäologischen Landesmuseum der Christian-Albrechts-Universität Kiel, Schleswig, aufbewahrt.

22] Der Stein von Beldorf mit Schälchengruben und Furchenornamenten wurde 1906 gefunden. Er wird im Archäologischen Landesmuseum der Christian-Albrechts-Universität Kiel, Schleswig, aufbewahrt.

23] Der Stein von Schülldorf mit Schälchengruben, verbindenden Rillen, zwei schematisch dargestellten Füßen, einem kleinen Kreuz und einer Axtdarstellung wurde 1864 geborgen. Er wird im Archäologischen Landesmuseum der Christian-Albrechts-Universität Kiel, Schleswig, aufbewahrt.

24] Der Stein von Oelixdorf mit mutmaßlichen Hand- und Fußbildern wurde 1940 entdeckt.

25] Der Deckstein von Blengow mit Radsymbolen wurde 1871 gefunden.

26] Die Goldscheibe von Glüsing kam mit der Sammlung Hartmann aus Tellingstedt in das Museum Schleswig, ihr genaues Fundjahr ist nicht bekannt. Erstmals erwähnt wurde die Goldscheibe 1876.

Literatur

ANER, Ekkehard / KERSTEN, Karl: Die Funde der älteren Bronzezeit des nordischen Kreises in Dänemark, Schleswig-Holstein und Niedersachsen. Band 4. Südschleswig-Ost. Die Kreise Schleswig-Flensburg und RendsburgEckernförde (nördlich des Nord-Ostsee-Kanals), Kobenhavn/Neumünster 1978

ANER, Ekkehard / KERSTEN, Karl: Die Funde der älteren Bronzezeit des nordischen Kreises in Dänemark, Schleswig-Holstein und Niedersachsen, Band 5. Südschleswig-West, Nordfriesland, Kobenhavn/Neumüster 1979

ASMUS, Wolfgang-Dietrich: Bronzezeit im Norden und östlichen Mittelmeerraum. Die Kunde, N. F., Band 13/14, S. 81–95, Hannover 1979

BELTZ, Robert: Die Vorgeschichte von Mecklenburg, Berlin 1899

BELTZ, Robert: Die bronzezeitlichen Dosen und Becken aus Mecklenburg. Prähistorische Zeitschrift, Band 13/14, S. 98–127, Berlin 1921/22

BRØNDSTED, Johannes: Nordische Vorzeit. Band 2. Bronzezeit in Dänemark, Neumüster 1962

HACHMANN, Rolf: Süddeutsche Hügelgräber- und Urnenfelderkulturen und ältere Bronzezeit im westlichen Ostseegebiet. Offa, Jahrgang 15, S. 42–76, Neumünster 1956

HANDELMANN, Gottfried Heinrich: Eine bronzene Dose mit Deckel. Mittheilungen zur Alterthumskunde der Herzogthümer Schleswig, Holstein und Lauenburg. 23. Bericht der Königlichen Schleswig-Holstein-Lauenburgischen Gesellschaft für die Sammlung und Erhaltung vaterländischer Alterthümer, S. 50–61, Kiel 1863

HUNDT, Hans-Jürgen: Die Bronzedosen der älteren Bronzezeit Mecklenburgs. Germania, Jahrgang 28, Heft 3/4, S. 197–209, Frankfurt/Main 1944–1950

JACOB-FRIESEN, Gernot: Bronzezeitliche Lanzenspitzen Norddeutschlands und Skandinaviens. Veröffentlichungen der urgeschichtlichen Sammlungen des Landesmuseums zu Hannover, Band 17, Hildesheim 1967

JUST, Friedrich: Das Hügelgrab von Wendelstorf, Kreis Bad Doberan. Bodendenkmalpflege in Mecklenburg, Jahrbuch 1956, S. 28–52, Schwerin 1958

JUST, Friedrich: Lederreste aus der älteren Bronzezeit in Mecklenburg. Bodendenkmalpflege in Mecklenburg, Jahrbuch 1966, S. 201–206, Schwerin 1967

KEILING, Horst: Bronzezeitliche Bronzefunde aus dem Bezirk Schwerin. Bodendenkmalpflege in Mecklenburg, Jahrbuch 1980, S. 21–60, Berlin 1981

KEILING, Horst: Die Kulturen der mecklenburgischen Bronzezeit. Archäologische Funde und Denkmale aus dem Norden der DDR. Herausgegeben vom Museum für Ur- und Frühgeschichte Schwerin, Museumskatalog 6, Schwerin 1987

KERSTEN, Karl: Zur älteren nordischen Bronzezeit. Veröffentlichungen der schleswig-holsteinischen Universitätsgesellschaft, Forschungen zur Vor- und Frühgeschichte aus dem Museum vorgeschichtlicher Altertümer in Kiel, Band 3, Neumünster 1935

KERSTEN, Karl: Der Fund eines Baumsarges bei Harrislee, Kreis Flensburg. Nachrichtenblatt für Deutsche Vorzeit, Band 18, Heft 3/4, S. 83–89, Leipzig 1942

KERSTEN, Karl: Die Funde der älteren Bronzezeit in Pommern. 7. Beiheft zum Atlas der Urgeschichte, Hamburg 1958

KERSTEN, Karl: Einige dosenförmige Buckelortbänder aus Nordschleswig und Holstein. Offa, Jahr-gang 17/18, S. 125–130, Neumünster 1959/1961

KOSSACK, Georg: Beiträge zur Ur- und Frühgeschichte Mecklenburgs. Ein Forschungsbericht. Offa, Jahrgang 23, S. 7–72, Neumünster 1966

LAUX, Friedrich: Bronzezeitliche Bewaffnung an der Niederelbe (1400 bis 1200 v. Chr.). Faltblätter des Helms-Museums, Nr. 27, Hamburg 1977

LAUX, Friedrich: Reiche Männergräber aus Gülzow, Kreis Herzogtum Lauenburg. Ein Beitrag zur regionalen Gruppengliederung im südlichen Holstein während der älteren und mittleren Bronzezeit. Offa, Jahrgang 46, S. 51–72, Neumünster 1989

LISCH, George Christian Friedrich: Kegelgräber von Alt Samnit. Jahrbücher des Vereins für mecklenburgische Geschichte und Altertumskunde, Band 12, S. 407–409, Schwerin 1847

MASTALER, Wilhelm: Ein Flintschlagplatz der älteren Bronzezeit bei Bellin, Kreis Güstrow. Informationen des Bezirksarbeitskreises für Ur- und Frühgeschichte Schwerin, Heft 30, S. 11–19, Schwerin 1990

59

MÜLLER, Sophus: Entstehung und erste Entwick-lung der Europäischen Bronzekultur beleuchtet durch die älteren Bronzefunde im südöstlichen Europa. Deutsche Ausgabe von Johanna Mestorf, Braunschweig 1884

OTTENJANN, Helmut: Die nordischen Vollgriffschwerter der älteren und mittleren Bronzezeit. Römisch-Germanische Forschungen, Band 30, S. 1–121, Berlin 1969

RÖSCHMANN, Jacob: Ein Grabfund der älteren Bronzezeit von Süderschmedeby, Kreis Flensburg. Offa, Jahrgang 10, S. 2–4, Neumünster 1952

SCHOKNECHT, Ulrich: Ein bronzenes Vollgriffschwert der Periode II aus Alt Tellin, Kreis Demmin, und die mecklenburgischen Vollgriffschwerter der frühen und älteren Bronzezeit. Bodendenkmalpflege in Mecklenburg, Jahrbuch 1972, S. 45–83, Schwerin 1973

SCHUBART, Hermannfried: Die Funde der älteren Bronzezeit in Mecklenburg. Offa-Bücher, Band 26, Neumünster 1972

SCHULDT, Ewald: Mecklenburg urgeschichtlich, Schwerin 1954

SPROCKHOFF, Ernst: Die germanischen Griffzungenschwerter. Römisch-Germanische Forschungen, Band 9, Berlin/ Leipzig 1931

SPROCKHOFF, Ernst: Fremdlinge in Holstein. Offa, Jahrgang 9, S. 20–27, Neumünster 1951

SPROCKHOFF, Ernst: Nordische Bronzezeit und frühes Griechentum. Jahrbuch des Römisch-Germanischen Zentralmuseums Mainz 1954, S. 28–110, Mainz 1954

STRUVE, Karl W.: Ein älterbronzezeitlicher Hortfund mit Gußformen aus Rendsburg. Offa, Jahrgang 19, S. 119– 131, Neumünster 1962

STRUVE, Karl W.: Die Bronzezeit. Aus: Geschichte Schleswig-Holsteins, Band 2, S. 3–146, Neumünster 1979

STRUVE, Karl W.: Die Kultur der Bronzezeit in Schleswig-Holstein. Schleswig-Holsteinisches Landesmuseum für Vor- und Frühgeschichte in Schleswig, Wegweiser durch die Sammlung, Neumünster 1982

STRUVE, Karl W.: Zwei getriebene Bronzetassen der älteren Bronzezeit aus Schleswig-Holstein. Offa, Jahrgang 40, S. 241–256, Neumünster 1983

TIDOW, Klaus: Frühgeschichtliche Wollgewebe aus Norddeutschland – und ihre Verbreitung und Herstellung. Aus: FANSA, Mamoun: Experimentelle Archäologie in Deutschland. Archäologische Mitteilungen aus Nordwestdeutschland, S. 410–417, Oldenburg 1990

WERNER, Wolfgang M.: Klappschemel der Bronzezeit. Germania, Jahrgang 65, 1. Halbband, S. 29–65, Frankfurt/ Main 1987

WILLROTH, Karl-Heinz: Zu den Meißeln der älteren nordischen Bronzezeit. Offa, Jahrgang 42, S. 393–430, Neumünster 1985

WILLROTH, Karl-Heinz: Schleswig-Holstein während der älteren Bronzezeit – Anmerkungen zur Gliederung der Grabfunde der Perioden II und III. Aus: Beiträge zur Geschichte und Kultur der mitteleuropäischen Bronzezeit, Teil II, S. 537–555, Berlin/Nitra 199

Bildquellen

Klaus Benz, Fotograf, Mainz-Laubenheim: 67
Friederike Hilscher-Ehlert, Königswinter: 65
Reproduktion eines Fotos aus dem Buch »Deutschland
in der Bronzezeit« (1996) von Ernst Probst: 46 (Peter
Naeve, Borgstedtfelde),
Reproduktionen von Zeichnungen aus dem Buch
»Deutschland in der Bronzezeit« (1996) von Ernst
Probst: 31 (Reproduktion aus Hans Hahne: Das vor-
geschichtliche Europa. Kulturen, Völker und Rassen.
Monographien zur Weltgeschichte, Band 30, Tafel 19,
Bielefeld/Leipzig 1935, Zeichnung: Karl Jensen, nach
W. Dreyer: Nordens Oldtid, Kopenhagen), 12 (Re-
produktion aus Jörg Lechler: 5000 Jahre Deutschland.
Germanisches Leben in 620 Bildern (Zeichnung:
Wilhelm Petersen, Neubabelsberg, Leipzig 1936, S. 94,
Abb. 279), 11 (Reproduktion aus Jorn Street-Jensen:
Christian Jürgensen Thomsen und Ludwig Linden-
schmit: Eine Gelehrtenkorrespondenz aus der Frühzeit
der Altertumskunde (1853–1964), Mainz 1985),
Wikipedia (Online-Lexikon) http://wikipedia.org:
Malne Thyssen: 49
Zeichnungen von Friederike Hilscher-Ehlert, Kö-
nigswinter, für das Buch »Deutschland in der Bron-
zezeit« (1996) von Ernst Probst: 1, 19, 23

Die wissenschaftliche Graphikerin Friederike Hilscher-Ehlert

Friederike Hilscher-Ehlert wurde am 13. Dezember 1946 in Hamburg geboren. Sie absolvierte eine Ausbildung sowie ein Studium in den Fächern Kostümbild und Bühnenbild. Danach war sie mehrere Jahre lang an der Bühne tätig. Auf dem zweiten Berufsweg wurde sie wissenschaftliche Graphikerin mit dem Schwerpunkt Archäologie und arbeitete am Rheinischen Landesmuseum Bonn. Ihre Fachgebiete waren Restaurierung, Archäo-Botanik, Wissenschafts-Publikationen, Amtshilfe bei externen Projekten und Ausstellungskonzeption. Mit Lebensbildern von Menschen aus vergangenen Zeiten machte sie sich bereits einen Namen, als solche Kunstwerke in ihrer Heimat noch Seltenheiten waren. Das erste Buch, in dem Zeichnungen von Friederike Hilscher-Ehlert abgebildet wurden, heißt »Report aus der Römerzeit« (1989). In den frühen 1990-er Jahren schuf sie zahlreiche Lebensbilder für das Buch »Deutschland in der Bronzezeit« (1996) des Wiesbadener Wissenschaftsautors Ernst Probst. Großformatige Lebensbilder aus ihrer Hand schmücken die Werke »Die Römer« (1999), »Die Steinzeitler« (2003), »Die Kelten" (2003) und »Die Franken« (2003) in der vom Rheinischen Landesmuseum Bonn herausgegebenen Reihe »Lebendige Vergangenheit«. Im Geleitwort schrieb Professor Dr. Hans-Eckart Joachim: »Die Zeichnerin Friederike Hilscher-Ehlert verbindet wissenschaftlich abgesicherte, akribische Prägnanz mit virtuosem unverkennbaren Personalstil, der der Phantasie und Entdeckerfreude Raum lässt. So entstehen Bilder, in denen uns Menschen und Menschengemachtes der Vergangenheit entgegentreten, längst verwischte Spuren sichtbar werden.« Zeichnungen von ihr erschienen außer in Büchern auch in wissenschaftlichen Zeitschriften und man sah sie in Ausstellungen von Museen oder auf zahlreichen farbprächtigen Ansichtskarten. Friederike Hilscher-Ehlert betont: »Archäologische Illustration ist heute in keinem Museum und in keiner fundierten Fachpublikation mehr entbehrlich. Es ist mir eine Freude Wegbereiterin dieser Art Graphik in Deutschland gewesen zu sein.«

Der Autor Ernst Probst

Ernst Probst, geboren am 20. Januar 1946 in Neunburg
vorm Wald im bayerischen Regierungsbezirk Oberpfalz,
ist Journalist und Wissenschaftsautor. Er arbeitete von
1968 bis 1971 als Redakteur bei den »Nürnberger
Nachrichten«, von 1971 bis 1973 in der Zentralredaktion
des »Ring Nordbayerischer Tageszeitungen« in Bayreuth
und von 1973 bis 2001 bei der »Allgemeinen Zeitung«,
Mainz. In seiner Freizeit schrieb er Artikel für die
»Frankfurter Allgemeine Zeitung«, »Süddeutsche
Zeitung«, »Die Welt«, »Frankfurter Rundschau«, »Neue
Zürcher Zeitung«, »Tages-Anzeiger«, Zürich,
»Salzburger Nachrichten«, »Die Zeit'', »Rheinischer
Merkur«, »Deutsches Allgemeines Sonntagsblatt«, »bild
der wissenschaft«, »kosmos«, »Deutsche Presse-
Agentur« (dpa), »Associated Press« (AP) und den

»Deutschen Forschungsdienst« (df). Aus seiner Feder stammen die Bücher »Deutschland in der Urzeit« (1986), »Deutschland in der Steinzeit« (1991), »Rekorde der Urzeit« (1992), »Dinosaurier in Deutschland« (1993 zusammen mit Raymund Windolf) und »Deutschland in der Bronzezeit« (1996). Von 2001 bis 2006 betätigte sich Ernst Probst als Buchverleger sowie zeitweise als internationaler Fossilienhändler und Antiquitätenhändler. Insgesamt veröffentlichte er mehr als 100 Bücher, Taschenbücher, Broschüren und E-Books.

Bücher von Ernst Probst

Affenmenschen
Von Bigfoot bis zum Yeti

Annie Oakley
Die Meisterschützin des Wilden Westens

Archaeopteryx. Der Urvogel aus Bayern

Christl-Marie Schultes. Die erste Fliegerin in Bayern
(zusammen mit Theo Lederer)

Cortés und Malinche. Der spanische Eroberer
und seine indianische Geliebte

Das Dinotherium-Museum Eppelsheim
Führer durch die Ausstellung
(zusammen mit Dr. Jens Lorenz Franzen
und Heiner Roos)

Der Europäische Jaguar

Der Mosbacher Löwe
Die riesige Raubkatze aus Wiesbaden

Der Rhein-Elefant
Das Schreckenstier von Eppelsheim

Der Schwarze Peter
Ein Räuber im Hunsrück und Odenwald

Der Ur-Rhein
Rheinhessen vor zehn Millionen Jahren

Deutschland im Eiszeitalter

Die Dolchzahnkatze *Megantereon*

Die Bronzezeit

Die Aunjetitzer Kultur

Die Straubinger Kultur

Die Adlerberg-Kultur

Die nordische Bronzezeit

Die Hügelgräber-Kultur

Die Lüneburger Gruppe in der Bronzezeit

Die Stader Gruppe in der Bronzezeit

Die Urnenfelder-Kultur

Die Lausitzer Kultur

Die Dolchzahnkatze *Smilodon*

Die Säbelzahnkatze *Machairodus*

Die Säbelzahnkatze *Homotherium*

Die Schweiz in der Frühbronzezeit

Die Schweiz in der Mittelbronzezeit

Die Schweiz in der Spätbronzezeit

Dinosaurier in Deutschland. Vom *Efraasia*
bis zu *Sellosaurus*

Dinosaurier von A bis K. Von *Abelisaurus*
bis zu *Kritosaurus*

Dinosaurier von L bis Z. Von *Labocania*
bis zu *Zupaysaurus*

Eiszeitliche Geparde in Deutschland

Eiszeitliche Leoparden in Deutschland

Frauen im Weltall

Höhlenlöwen. Raubkatzen im Eiszeitalter

Johann Jakob Kaup
Der große Naturforscher aus Darmstadt

71

Julchen Blasius
Die Räuberbraut des Schinderhannes

Königinnen der Lüfte in Deutschland
Königinnen der Lüfte in Europa

Königinnen der Lüfte in Amerika

Königinnen der Lüfte von A bis Z

Königinnen des Tanzes

Malende Superfrauen

Meine Worte sind wie die Sterne
Die Entstehung der Rede des Häuptlings Seattle
(zusammen mit Sonja Probst)

Monstern auf der Spur
Wie die Sagen über Drachen, Riesen
und Einhörner entstanden

Österreich in der Frühbronzezeit

Österreich in der Mittelbronzezeit

Österreich in der Spätbronzezeit

Pompadour und Dubarry. Die Mätressen
von Louis XV.

Raub-Dinosaurier von A bis Z.
Mit Zeichnungen von Dmitry Bogdanav
und Nobu Tamura

Rekorde der Urmenschen
Erfindungen, Kunst und Religion

Rekorde der Urzeit
Landschaften, Pflanzen und Tiere

Säbelzahnkatzen. Von *Machairodus*
bis zu *Smilodon*

Säbelzahntiger am Ur-Rhein. *Machairodus*
und *Paramachairodus*

Seeungeheuer
Von Nessie bis zum Zuiyo-maru-Monster

Superfrauen aus dem Wilden Westen

Superfrauen 1 – Geschichte

Superfrauen 2 – Religion

Superfrauen 3 – Politik

Superfrauen 4 – Wirtschaft und Verkehr

Superfrauen 5 – Wissenschaft

Bestellungen bei: http://www.grin.com